Formbar framtid

Essäer i skärningspunkten mellan nutid och framtid

Per-Olof Ågren

Förlag: BoD – Books on Demand, Stockholm, Sverige
Tryck: BoD – Books on Demand, Norderstedt, Tyskland
ISBN: 978-91-7699-620-1

Omslagsbild: *Kreidefelsen auf Rügen* av Caspar David
Friedrich (ca 1818, något beskuren).

Innehållsförteckning

Förord

Vi kan välja att studera och förstå informationstekniken i samhället renodlat empiriskt: hur tekniken framträder, vilka egenskaper den har, hur den används och hur den inte används. Att förstå tekniken i presens.

Ett annat alternativ är att studera framtidens informationsteknik i ett framtida samhälle genom att tillämpa olika framtidsstudiemetoder: olika framtidsscenarior, trendframskrivningar av teknikutveckling och -användning samt låta experter formulera kvalificerade framtidsvisioner. Att förstå tekniken i futurum.

I denna essäsamling söker jag syntesen mellan ett empiriskt nu och framtidsscenarier. Vad kan nutidens analytiska och experimentella forsk-

5

ning om och utveckling av informationsteknik säga om en framtida samhällsutveckling?

Det är, menar jag, i skärningspunkten mellan nutid och framtid som de viktigaste övervägandena om samhällsutvecklingen måste göras. Bokens bidrag är synliggöra sådan forskning och utveckling av informationsteknik och undersöka hur den i olika avseenden har möjlighet att forma framtidens samhälle.

Om boken även inspirerar till ytterligare analyser och diskussioner kring informationsteknikens inflytande över samhällsutvecklingen vore det synnerligen värdefullt.

Dessa essäer har tidigare publicerats på Västerbottens-Kurirens kultursida. Ett stort tack till kulturredaktör Sara Meidell som låter mig pröva essäerna på kultursidan innan de blir till bok.

Umeå, oktober 2017
Per-Olof Ågren

Låt framtidens robotar bli olydiga

Man brukar tala om robotikens tre lagar, myntade av science fictionförfattaren Isaac Asimov redan 1950 i novellsamlingen *I, Robot*.[1] Dessa är:

1. *En robot får aldrig skada en människa.*
2. *En robot måste alltid lyda människan.*
3. *En robot får försvara sig, om det inte bryter mot någon av de två första lagarna.*

Trots att dessa lagar har formulerats inom ramen för fiktionslitteratur, har de haft stort inflytande på forskning och utveckling av robotar. Nu börjar emellertid forskare utveckla sociala robotar som inte nödvändigtvis följer lag nummer två.

Två forskare vid ett amerikanskt robotlaboratorium menar i en forskarrapport att det är dags att skapa robotar som kan avgöra vilka situationer där en social robot ska lyda direktiv från människan – och när roboten inte ska lyda. Forskarna menar att ju mer sociala robotars kapaciteter utvecklas, desto större blir våra förväntningar på robotarna.[2]

Därför måste robotar bli skickligare på att avgöra när och hur de ska avfärda direktiv från en människa. Forskarna menar att robotar måste ha så kallade lämplighetsvillkor eller giltighetsvillkor (felicity conditions), inspirerade av språkfilosofer som Austin och Searle.

> Forskarna menar att robotar måste ha så kallade lämplighetsvillkor eller giltighetsvillkor.

De lämplighetsvillkor forskarna föreslår att robotar ska utrustas med och alltid använda när en människa ger roboten direktiv är:

1. *Kunskap: Vet roboten hur den begärda handlingen utförs?*
2. *Kapacitet: Är det fysiskt möjligt för roboten att utföra handlingen?*
3. *Tajming: Är detta ett lämpligt tillfälle att utföra handlingen?*
4. *Social roll och skyldighet: Är roboten skyldig att utföra handlingen givet den sociala roll roboten har?*

5. *Normativ tillåtlighet: Innebär det ett brott mot*
   någon norm att utföra handlingen?

Först när en social robot har övervägt dessa fem
villkor och funnit att de är uppfyllda, ska roboten
utföra handlingen. Annars ska den vägra. De
villkor som genererar några extra varvs funder-
ingar är det fjärde och femte villkoret.

Roboten ska alltså kunna ha en uppfattning
om vilken social roll den har och roboten avkrävs
även moraliska ställningstaganden. Jag tror detta
är viktig forskning inom robotik. Särskilt med
tanke på att det rimligen kommer en dag när vi
lika lätt kan införskaffa en social robot, som vi
kan införskaffa en mobiltelefon i dag.

Vill vi att en robots ägare ska kunna ge en
robot direktiv om socialt opassande och moraliskt
otillåtna handlingar som roboten blint utför? Om
inte, så måste vi ge robotar frihet att överväga och
negligera våra direktiv.

Och därmed kanske robotar kommer att fram-
stå som människans sociala och moraliska korrek-
tiv.

9

Faktaresistens hotar framtidens offentliga samtal

Flera bland 2015 års nyord som sammanställs av Språkrådet berörde digitaliseringens framväxt och människors aktiveter på internet. Delningsekonomi, geoblockering, groupie, klickokrati, rattsurfa, robotjournalistik, svajpa, svischa, trollfabrik och youtuber är sådana.

Mitt favoritord bland nyorden är dock faktaresistens, vilket också anknyter till nätet. Ordet betyder enligt språkrådet "Förhållningssätt som innebär att man inte låter sig påverkas av fakta som talar emot ens egen uppfattning, som i stället grundas på till exempel konspirationsteorier".[3]

Faktaresistens uppstår ofta i den företeelse som går under begrepp som ekokammare och filterbubbla. Det innebär att människor bildar sina uppfattningar om olika frågor utifrån vad människor med likartade intressen och åsikter sprider i olika forum på internet. Ju fler gånger påståenden upprepas och studsar runt, desto sannare upplevs de.

Vilka ämnen som helst kan ge faktaresistenta medborgare, men konspirationsteorier genererar ofta faktaresistens hos de som anammar dem. Liksom frågor som rör vaccinering, omfattning av våldsbrott begångna av olika samhällsgrupper, invandring, flyktingar, chemtrails, feminism, högern, vänstern, ja, det finns mycket som skapar faktaresistens.

Men är det inte bara att leverera korrekt fakta? Borde inte medborgare som sprider felaktigheter ta till sig korrekta fakta? Nej, svarar ett forskarlag som har ge- *Endast en ytterst liten andel av Facebookanvändarna som konfronterades med korrekt information ändrade uppfattning.*
nomfört en stor studie av människors benägenhet att ändra en felaktig uppfattning när de konfronteras med korrekta fakta.[4]

Forskarna studerade 54 miljoner amerikanska Facebookanvändare över en femårsperiod. Är människor som har bestämt sig för att osanna påståenden som härrör från så kallade ekokammare är korrekta, benägna att ta till sig korrekt fakta som motsäger deras påståenden?

Resultatet är nedslående. Endast en ytterst liten andel av Facebookanvändarna som konfronterades med korrekt information ändrade uppfattning. Snarare visade det sig att många av dem förstärkte sitt intresse för konspiratoriskt och osant innehåll på nätet. Övertygelsen om att det osanna är sant till och med ökade. Dessutom förstärktes deras engagemang för de olika ekokamrarna som sprider osanningar.

För framtidens offentliga samtal på internet är resultatet från denna studie djupt oroande. En av de viktigaste förmågorna för en kritiskt tänkande människa är såväl förmågan som beredskapen att bedöma fakta och motargument, med syftet att ompröva sin egen uppfattning när motargumenten är starkare.

Om det kritiska tänkandet reduceras i takt med att faktaresistens utvecklas och att ekokamrarnas desinformation tas ad notam, blir ett offentligt samtal där teser, fakta och argument ska mötas enbart en obehaglig tuppfäktning som inte leder till synteser, utan till förstärkta konflikter.

Folkfinansiering – ett hot mot framtidens kultur?

Crowdfunding, eller folkfinansiering som vi borde säga på svenska, tycks inte vara någon övergående trend, utan en företeelse som fortsätter utvecklas. I allt väsentligt handlar folkfinansiering om att gå från en mecenatkultur, med enstaka givare som ger mycket till få, till en folkgivarkultur där många ger lite till flera.

När en dylik företeelse växer sig stor, finns det all anledning att göra konsekvensanalyser. Medieforskaren Daren Brabham vid University of Southern California har studerat hur amerikansk media har bevakat folkfinansiering på plattformar som exempelvis Kickstarter och Indiegogo.[5]

Med ett stort antal artiklar om denna företeelse som empirisk data, ser han en synnerligen positiv attityd till folkfinansiering från olika media. Folkfinansiering omtalas som en demokratiserande kraft, som det enda sättet för människor med idéer att uppfylla sina drömmar, som ett sätt att stärka individers makt i förhållande till mecenater och riskkapitalister med mera.

Samtidigt ser Brabham en synnerligen stark kritik i USA, särskilt från konservativt håll, mot att konstprojekt i vid mening ska finansieras av det allmänna, av skattemedel. Ett växande antal människor vill inte se sina inbetalade skatter finansiera allehanda projekt vars resultat de varken uppskattar eller ens vill se i det offentliga rummet.

Inte helt förvånande ställs ofta offentliga medel till konst och kultur i kontrast till knappa resurser i andra offentliga verksamheter, som exempelvis skola, vård och omsorg.

Folkfinansiering blir därmed ett slags verktyg för populistisk, marknadsliberal politik för att reducera offentligt finansierad kultur.

Det intressanta i Brabhams forskning är syntesen. Kritikerna till offentligt finansierad kultur är däremot positiva till folkfinansiering av kultur. Då, menar dessa, får vi de kulturella yttringar, de konstverk, de kulturhus som människor faktiskt vill betala för.

Medan offentligt finansierade kulturyttringar syftar till att utveckla och utbilda medborgare för att bidra till samhällets bästa, vill folkfinansierade kulturprojekt nå så många givare som möjligt, vilket leder till att kulturprojekten anpassas efter vad många vill betala för.

Folkfinansiering blir därmed ett slags verktyg för populistisk, marknadsliberal politik för att reducera offentligt finansierad kultur. Än så länge i USA, men självfallet kommer liknande röster att höras här.

Brabham beskyller media, med sitt okritiska omhuldande av folkfinansiering, för att späda på dessa i viss mån kultur- och konstfientliga strömningar. Dessutom ser han nästa område runt hörnet att drabbas.

Varför ska forskning finansieras med skattemedel utan att skattebetalare ges inflytande över vad det forskas om?

Kommer samma konservativa marknadsliberaler att kräva att alla forskningsprojekt underställs folkfinansiering på sajter som Kickstarter, så att sådan forskning som upplevs "konstig" i folks ögon inte ska ges finansiering?

Det finns all anledning att inta ett kritiskt förhållningssätt till folkfinansiering, liksom att det genomförs fler konsekvensanalyser.

Zapparoner – framtidens personliga övervakare?

I inledningen till varje nytt år bjuder traditionen på framtidsförutsägelser. De är ofta kortsiktiga: "Detta kommer att hända under 2016". Utsagor om framtiden är viktiga som diskussionsunderlag och tankeväckare, men man får se upp. Påståenden om framtiden kan även bli föremål för genans och sneda leenden när framtiden kommer i kapp.

Ett exempel är ett citat av Ken Olsen från 1977: "There is no reason for any individual to have a computer in his home".[6] Som grundare och ledare för ett stort företag som tillverkade det man då kallade stordatorer började han ana att datorer skulle komma att krympa och persondatorn växa fram. I dag har miljarder människor en persondator i fickan.

De påståenden om framtiden som vi ler generat åt, är ofta negativa förutsägelser – det vill säga, påståenden som uttalar sig om vad som inte kommer att ske, men som trots allt sker. Framtidsförutsägelser som inte slår in, bryr vi oss inte så mycket om. Det är bara rimligt att en stor andel förutsägelser inte slår in.

Det vanligaste sättet för kortsiktiga förutsägelser är trendframskrivning. Man undersöker hur utvecklingen av en företeelse sett ut under en tid och förlänger den utvecklingen. Nackdelen med denna metod är att den har svårt att fånga tekniska språng; utveckling av teknik som inte uppenbart utgår från existerande teknik. En annan metod som växer fram är att skapa framtidsscenarier. Här syntetiseras ofta analyser av en eller flera företeelser och blir till en beskrivning av en framtida situation.

Syftet med denna essä är att undersöka ett framtidsscenario som utgår från klassisk science fictionlitteratur.

Det mest kända framtidsscenariot i genren torde vara *1984* av George Orwell, som ständigt fungerar som en referenspunkt när vi i dag diskuterar staters övervakning av medborgare. *Du sköna nya värld* av Aldous Huxley är ytterligare en dystopi, där människan drogar sig med en sorts

lyckopiller för att uthärda industrialismens för-
slavning.

En mindre känd bok i samma genre är sci-
ence fictionromanen *The Glass Bees* (Glasbina) av
Ernst Jünger från 1957. I en ospecifik framtid får
krigsveteranen Richard anställning hos en robot-
tillverkare vid namn Zapparoni. Som roman är
den egensinnig, skriven med lågt tempo, men
den utgör en intressant bas för att diskutera fram-
tidens drönare.[7]

Glasbin är exakt
vad ordet säger. Små
automatiska robotar
av glas, som liknar
bin i storlek, rörelse-
mönster och beteen-
de. De flyger om-

Bina är alltså i förhållande till människan autonoma varelser som agerar med detta enda mål i sikte.

kring och samlar in nektar från växter tillsam-
mans med andra bin, men har sina egna bikupor
där de omvandlar nektar till honung, för att se-
dan flyga iväg och samla in mer.

Bina är alltså i förhållande till människan au-
tonoma varelser som agerar med detta enda mål i
sikte. De har dock inte utrustats med de biologis-
ka binas viktiga funktion att pollinera och bidra
till växters reproduktion, utan fungerar enbart
som högeffektiva honungsproducenter.

21

I teknikfilosofisk mening brukar Jünger ges epitetet dystopiker. Han menar att "mänsklig perfektion och teknisk perfektion är inkompatibel" och att människan känner lika mycket skräck som stolthet inför ny teknik.[8] Han såg teknikutveckling som ett sätt att stärka makt hos den som ges tillgång till ny teknik.

Frågan är om det är så dystopiskt. Skulle inte glasbin kunna utformas och användas så att vi ökar vår egenmakt, vår autonomi?

Ett av de stora problemen under de senaste decenniernas teknikutveckling handlar om integritet. Digitalkameran, mobiltelefoner, Google glass och drönare för privatpersoner bär alla på en potential att, tillsammans med spridningsmöjligheter på nätet, kränka andra människors integritet.

Gemensamt för dessa tekniker är att de har kameralinsen riktad utåt (utom när selfies tas), mot tredje person. *Låt oss i stället tänka på drönaren som ett glasbi i Ernst Jüngers mening.* På så sätt utgör dessa prylar potentiella övervakningstekniker och därmed problematiska ur integritetssynpunkt.

Låt oss titta närmare på drönaren, som har blivit rimlig att både köpa och använda av stora

22

flertalet. Fortfarande är drönare relativt stora och klumpiga och kräver en skicklig förare. Låt oss i stället tänka på drönaren som ett glasbi i Ernst Jüngers mening.

Ett sådant glasbi skulle inte behöva någon förare, utan enbart ha ett syfte med sin tillvaro: Att övervaka dess ägare. Glasbiets ögon och öron skulle alltså vara ständigt riktade mot ägaren för att utgöra ett preventivt skydd mot kränkningar av olika slag.

På så sätt skulle inte tredje persons integritet kränkas, under förutsättning att tredje person inte kränker glasbiets ägare. Då skulle glasbiet med både ljud och bild registrera sådana kränkningar och personen som kränker skulle enkelt kunna identifieras och lagföras.

Vore sådana glasbin önskvärda? Redan i dag används mobilkameror för att registrera misstänkta händelser som bli till nytta i brottsutredningar.

Med den senaste tidens diskussion om begångna sexuella ofredanden mot kvinnor i olika sammanhang i åtanke, skulle personliga glasbin genast registrerat förövarna. Om tonårsflickor skulle ha varsitt glasbi skulle pojkars tafsande och andra trakasserier genast registreras. Sannolikt skulle medvetenheten om dessa glasbin få en preventiv verkan.

Vore sådana glasbin möjliga? Det vi vet med säkerhet om informationsteknik är att den ständigt blir mindre, kraftfullare och självständigare. Redan i dag utvecklas så kallade PhoneDrones; små drönare, bara något större än den mobiltelefon som utgör drönarens "motor".

Hur dessa glasbin kan komma att se ut i framtiden kan vi lämna därhän, utan det är själva funktionen – öka utsatta människors egenmakt genom personlig övervakning – som är det intressanta. Vi skulle kunna kalla sådana glasbin för Zapparoner.

Jag tolkar emellertid inte dylika glasbin som Jüngers egentliga framtidsscenario, utan det glasbina representerar: Människans ständiga strävan mot teknisk perfektion, i motsats till mänsklig perfektion.

I stället för att utveckla människors moraliska förmågor som förhindrar oönskade handlingar, utvecklar vi teknik som skyddar oss mot sådana handlingar.

Oförmågan att göra bådadera samtidigt är Ernst Jüngers framtidsdystopi.

Framtidens maskiners
moraliska transformering

Många farhågor väcks i dag kring artificiell intel-
ligens, automatiska system, lärande maskiner och
sociala robotar. I en understreckare i *SvD* skriver
Helena Granström om faran med maskiner som
ges en intelligens som övertrumfar människan,
om självreplikerande nanorobotar, om den
ohyggliga tanken att vi riskerar förlora kontrollen
över maskinerna – en föraning om en katastrof.[9]

Det är den dystopiske teknikfilosofen Paul Vi-
rilios gamla käpphäst i ny tappning: Varje ny
teknik bär på sin egen olycka: Tåg spårar ur, far-
tyg kapsejsar, flygplan störtar, bilar kolliderar.
Vilken är de intelligenta maskinernas olycka? En-
ligt Virilio utgör dessa det han kallar "never-seen-
before-accidents".[10] Vi känner inte till, och kan
inte ens föreställa oss de olyckor som vi pro-

grammerar in i intelligenta, självlärande maskiner.

Kan nyckelordet vara "självlärande"? Vore det möjligt att konstruera maskiner som självständigt och systematiskt lär sig mänskliga, moraliska värderingar och låter sina handlingar styras och motiveras av dessa?

I en krönika refererar Håkan Lindgren i *SvD* till historikern Linn Hunt som hävdar att det ivriga läsandet av skönlittera-

> *Kan läsning av skönlitteratur leda till högre moral och goda värderingar?*

tur på 1700-talet bidrog i allra högsta grad till idén om universella mänskliga rättigheter. Läsningen bidrog i högre grad till att se främlingar som medmänniskor, till inlevelse i andra människors livssituationer och till ett ökat ömsesidigt förtroende människor emellan.[11] [12]

Är det giltigt även i dag? Kan läsning av skönlitteratur leda till högre moral och goda värderingar? Det hävdas i en avhandling i pedagogisk filosofi med titeln *Strävan mot Unselfing* av Anna-Lova Olsson. Men inte utan förbehåll för litteraturens kvalitet.[13]

Avhandlingen är en djupdykning i Iris Murdochs idé om bildning som moralisk transformering, med ett särskilt fokus på skönlitteraturens betydelse i denna process. Den grundläggande moraliska transformeringen är att människan ska bli allt mer osjälvisk. För att skönlitteraturen ska kunna bidra till denna transformation, menar Olsson att den måste uppfylla vissa kriterier.

Litterära verk måste stödja och utveckla människans föreställningsförmåga; förmågan att utforska olika delar av en fiktiv verklighet och föreställa sig andra människors situation. På så sätt kan flera livsmöjligheter övervägas genom litteraturens olika narrativ. Olsson drar dock en extremt tydlig gräns mot fantasygenren; den skönlitterära fiktionen bör främja en realistisk förståelse av världen. Fantasylitteratur motverkar moralisk transformering.

Litterära verk måste dessutom stödja människans uppmärksamhet från sig själv, mot omvärlden. Det är inte genom de egna fördomarna och de förhandsbestämda kategorierna som andra människor ska förstås, utan med uppmärksamhet avses att lyssna av och läsa in andra människor och deras verklighet.

Som ett tredje kriterium måste litteraturen stödja läsarens strävan mot osjälviskhet; en strävan mot en frigörelse från hybris, från att vara den självklara medelpunkten i världen. En sorts omlokalisering av självet.

"Bildning gör människan till en kulturvarelse, medan utbildning gör henne till en vetande varelse", skriver filosofen Peter Kemp i boken *Världsmedborgaren.*[14] Vore det möjligt att bilda självlärande maskiner? Datorer är utmärkta som vetande maskiner, med avseende på att samla in, lagra och analysera information. Kan vi göra dem till kulturvarelser?

Forskare försöker. Mark Riedl och Brent Harrison vid Georgia Institute of Technology har nyligen publicerat en forskarrapport där de introducerar idén om att artificiellt intelligenta maskiner bör kunna lära sig mänskliga värderingar genom att läsa berättelser som människor har skapat.[15]

> *Forskarna söker därför begreppsmässigt flytta fokus från artificiell intelligens till narrativ intelligens.*

Forskarna söker därför begreppsmässigt flytta fokus från artificiell intelligens till narrativ intelligens: förmågan att lära från berättelser. Än så länge handlar det om ytterst småskaliga försök, där maskiner får ta del av korta berättelser för att skapa ett slags moralisk värdekedja som kan guida maskinens agerande.

Hur ska maskinerna läsa och tolka berättelserna, så att det sker en moralisk transformering i positiv mening? Mediefilosofen Vilém Flusser menade att vi i huvudsak tillämpar någon av tre lässtrategier: Den första är att läsa igenkännande och följsamt, med författaren. Den andra är att läsa så att man omfamnar textens normativa dimension, så att författaren därmed ges en total auktoritet. Den tredje är att läsa kritiskt: att läsa i diametral motsats mot författaren, att misstänkliggöra och tillskriva författaren allsköns negativa utgångspunkter.[16]

Vi kan läsa Orwells *1984* som en gestaltning av ett välordnat och tryggt samhälle, och betrakta Winston Smith som en irrationell dissident. Vi kan läsa Dostojevskijs *Brott och straff* med Raskolnikov, ge denne moralisk rätt att mörda pantlånerskan och betrakta den senare Raskolnikov som en irrationell kruka.

Hur ska vi kunna tillse att maskiner med narrativ intelligens inte läser berättelser så att de genererar kontraproduktivt agerande?

Vi läser dock inte dessa två berättelser på dessa sätt. Hur ska vi kunna tillse att maskiner med narrativ intelligens inte läser berättelser så att de genererar kontraproduktivt agerande? Forskarna vid Georgia Institute of Technology försöker lära datorerna detta genom klassisk betingning.

De har konstruerat ett belönings- och bestraffningssystem. Om maskinen uppvisar ett korrekt beteende med stöd i de berättelser maskinen läst, får maskinen en belöning i form av en signal som tolkas som positiv. I den motsatta situationen får maskinen en signal som tolkas som negativ.

Det grundläggande problemet kvarstår. Vilken litteratur som är grundad i mänskliga erfarenheter är särskilt lämpad att skapa ett moraliskt beteende hos maskiner?

För att åstadkomma en syntes krävs ett närmande mellan litteraturvetenskapen och IT-forskningen.

Anna-Lova Olsson lägger å ena sidan fram generella kriterier som litteratur bör uppfylla, men går inte in på enskilda verk i sin avhandling.

Forskarna vid Georgia Institute of Technology å sin sida undandrar sig att ange kriterier och menar att lösningen måste vara att använda all litteratur som är associerad med den kultur maskinen befinner sig i.

För att åstadkomma en syntes krävs ett närmande mellan litteraturvetenskapen och IT-forskningen.

Framtidens robotar känner dig bättre än du gör

Tinder är den i dag mest använda och kända dej-tingappen. Genom att registrera sig får man till-gång till en mängd andra människor som söker kontakter med andra.

När man möter en persons profilbild och pre-sentation som man tilltalas av, kan man svajpa höger för att markera sitt intresse. Svajpar man vänster, markerar man sitt ointresse.

Hur vet man vilka profiler på Tinder som till-talar en? Tja, det känner man väl? Synintrycket möter dock en grumlig mix av (simpla?) kategori-seringar och preferenser. Skulle en dator sköta svajpandet bättre?

Det menar doktoranden Nicole He vid New York University, som har konstruerat The True Love Tinder Robot i ett projektarbete. Den består i all enkelhet av en konstgjord hand som placeras framför en smartphone med Tinderappen öppen, och som är kopplad till en platta där man placerar sina händer. Plattan mäter "galvanic skin response"; i detta fall helt enkelt handens transpiration.[17]

När användaren tittar på olika Tinderprofiler, känner roboten din kroppsliga reaktion via dina händers transpiration och svajpar antingen höger (om Tinderprofilen får användaren att transpirera) eller vänster (om användaren inte reagerar alls med kroppen).

När en journalist vid New York Magazine testade roboten och jämförde dennes svajpande med sina egna preferenser, fann hon att roboten svajpade vänster när hon skulle ha svajpat höger och omvänt.[18]

Efter tjugo test på Tinder fann journalisten att hon inte var på samma våglängd som roboten, och påpekade för Nicole He att roboten inte stämmer, att roboten har fel. Nej, svarade Nicole He, denna robot vet något om dig som inte du vet.

Den grundläggande frågan denna robot ställer är om datorer – robotar – känner oss bättre än vi känner oss själva.

Den grundläggande frågan denna robot ställer är om datorer – robotar – känner oss bättre än vi känner oss själva. Går det att validera att roboten ovan gör bättre partnerval än en människa? Nej, upplupen handsvett är en tveksam mätmetod för en specifik känsla.

Det finns dock vetenskapligt stöd för att ställa den grundläggande frågan. En amerikansk forskargrupp publicerade nyligen en studie där de jämförde människors förmåga att bedöma personligheter med datorers.[19]

Studien visar att datorer är bättre än människor på att bedöma personligheter enbart genom att samla in en människas beteende på Facebook: vilka sidor, grupper och människors inlägg som aktivt gillas.

Forskarna menar att om en vanlig Facebookanvändare har gillat olika saker mer än 227 gånger, är datorn alltid bättre än till och med den närmaste vännen eller maste vännen eller

Användningsområden för algoritmer som dessa torde vara oändliga i de sammanhang där personlighetsbedömningar är centrala.

anhörige på att bedöma denne användares personlighet.

Användningsområden för algoritmer som dessa torde vara oändliga i de sammanhang där personlighetsbedömningar är centrala.

Där Nicole He använder kroppsliga reaktioner som grund för personlighetsbedömning, använder forskarna ovan människors beteende på Facebook som underlag.

Bägge studierna pekar dock på att det med största sannolikhet kommer att utvecklas allt fler automatiska system som är normativa; som allt bättre vet vad som är bäst för mig i olika situationer än vad jag kan veta; som gör allt bättre bedömningar än jag.

Framtidens nyckel till minskad massövervakning

Den kinesiska regimen lanserade 2015 en plan för ett socialt kreditsystem, som redan har börjat testas i några regioner och som kommer att vara helt utbyggt år 2020. Det är alltså inte ett renodlat ekonomiskt kreditsystem liknande sådana som finns i de flesta länder, utan snarare ett förtroendesystem.

Kinesiska företag och myndigheter samlar enorma mängder övervakningsdata om landets medborgare; människors förehavanden på internet i allmänhet, på sociala medier, vad människor köper, vad de säger, vad de läser, vilka relationer de har med andra.[20]

Algoritmer beräknar och värderar medborgarnas karaktärsdrag; en form av karaktärsregistrering som poängberäknas. Att få höga poäng betyder väsentliga fördelar i det kinesiska samhället, som exempelvis möjligheten att resa utanför landets gränser.

Att ha låga poäng innebär svårigheter att skaffa bostad, lån, och arbetsmarknaden begränsas. Därför är det av största vikt att kapa sociala band till människor som är

Vi som lever i västerländska demokratier drar en suck av lättnad över att något liknande aldrig kan inrättas här. Men kan vi vara säkra på det?

svartlistade av regimen, eftersom relationen till dem kan reducera den egna kreditpoängen. Man bör vistas i internetmiljöer som ger höga poäng och aldrig uttrycka sig kritiskt om regimen eller nationen.

Vi som lever i västerländska demokratier drar en suck av lättnad över att något liknande aldrig kan inrättas här. Men kan vi vara säkra på det? Försiggår inte övervakning av människors förehavanden på nätet i synnerligen stor skala även i västliga demokratier? Edward Snowden visade hur NSA övervakar såväl amerikaner som andra medborgare i stor skala.

Den amerikanske säkerhetsexperten med anknytning till Harvard Law School, Bruce Schneier, vill med sin nya bok *Data och Goliat* såväl visa hur utbredd övervakningen är, som argumentera för en framtida förändring av övervakning så att människors integritet inte kränks.[21]

Boken har ett tydligt fokus på amerikanska förhållanden, vilka i vissa avseenden skiljer sig från europeiska. Ett exempel är att EU:s dataskyddslagstiftning är betydligt starkare än USA:s. Men det gör inte så mycket för läsningen, eftersom problemet med övervakning och integritet är generellt.

Schneier inleder med en pedagogisk genomgång av skillnaden mellan avlyssning och övervakning på internet. Med av-

På så vis har vi invaggats, menar Schneier, i en falsk säkerhet om att vår kommunikation är privat.

lyssning ser eller hör den som avlyssnar innehållet i kommunikationen mellan människor, medan övervakning innebär att övervakaren enbart ser så kallad metadata, det vill säga uppgifter om kommunikationen (när den sker, var, med vem, med vilken teknik etc).

I väst är möjligheten för myndigheter och företag att avlyssna människors kommunikation högst begränsad. Däremot samlas mycket metadata. På så vis har vi invaggats, menar Schneier, i en falsk säkerhet om att vår kommunikation är privat. Schneier visar att med relativt lite metadata om våra förehavanden kan datorers algoritmer snabbt avslöja dels vår identitet, dels en mängd egenskaper om oss.

Genom det som förr kallades samkörning och i dag korrelering av data mellan många olika databaser kan vi identifieras. Tro aldrig att du kan vara anonym på nätet eller med mobiltelefonen, är hans budskap. Ett annat budskap är att övervakningen av våra förehavanden på nätet har eskalerat kraftigt det senaste decenniet.

Vad är problemet? Är det inte bra att myndigheter övervakar vår kommunikation så att terroristattacker och andra brott kan upptäckas och förhindras? Är det inte bra att marknadsföringen på nätet utformas utifrån mina preferenser? Är det inte bra att Google samlar all data om våra googlingar och vår användning av Googles olika tjänster så att dessa kan förfinas?

Bruce Schneiers egentliga ärende är inte massövervakningen per se, utan dess effekt på människors frihet. Han skiljer mellan riktad övervakning och massövervakning. Med massövervakning finns en ständig risk för maktmissbruk. Även om vi beter oss korrekt i dag, vet vi inte vad är korrekt beteende om tio år. Vad räknas som terrorism eller omstörtande verksamhet i framtiden?

Ju mer vi blir medvetna om att vi övervakas, desto mer självcensur idkar vi. Schneier ser tydliga tecken på övervakningens dämpande effekter.

Ett av de stora hoten mot vår frihet och integritet menar han är "mission creep", eller vad vi kallar ändamålsglidning. Att en myndighet har fått tillstånd att bygga upp övervakning inom ett område kan lätt leda till att denna övervakning expanderar till andra områden.

I debatten kring övervakning kontra integritet anförs ofta säkerhetsfrågan som ett argument för att öka övervakningen. Vad är integriteten värd i förhållande till

> En av Schneiers huvudteser är att vi måste sluta upp med att kontrastera integritet med säkerhet. De är inte varandras motsatser.

människoliv som kan sparas genom massövervakning (som antas leda till att terroristattacker och andra brott förhindras)? Inte mycket.

En av Schneiers huvudteser är att vi måste sluta upp med att kontrastera integritet med säkerhet. De är inte varandras motsatser. Vi kan öka både integriteten och säkerheten samtidigt.

Ett skäl till detta är att integritet är en moralisk idé som inte bör graderas eller värderas mot något annat. Det finns emellertid ingen objektiv moral. Schneiers moral utgår från rättighetsetiken; att vi äger data om oss själva. Den moralen är dock inte överordnad annan moral. Den utilitaristiska moralfilosofin skulle snarare förespråka att mer övervakning är till större nytta för medborgarna.

Schneiers lösningar handlar bland annat om att öka transparensen och tillsynen av myndigheter och företag som övervakar våra förehavanden – och att aldrig tillåta massövervakning, utan enbart riktad övervakning. Ska människor övervakas, ska det ske mot bakgrund av en rimlig misstanke om brott.

En annan typ av lösning är att göra företag ekonomiskt ansvariga för integritetskränkningar. Schneier menar att vi bör betrakta själva integritetsintrånget som en skada, och inte försöka värdera skadan av integritetsintrånget. Den är ofta svår att värdera.

Han framlägger en avslutande tes: Den allt mer tillåtna massövervakningen är inte en effekt av rädsla för terrorism, utan av politikers rädsla för att de ska få skulden om de inte lyckas förhindra terrorism.

Att reducera den rädslan kan vara nyckeln till en minskad massövervakning.

Framtidens webb mörknar

Det är 27 år sedan Tim Berners-Lee skapade webben vid Cern, forskningscentrumet i Genève, med det främsta syftet att forskare enklare skulle kunna utbyta vetenskaplig information. I dag är webben så välbekant för allmänheten att den ofta blir synonym med internet. Hur nöjd är Berners-Lee med hur webben utvecklats?

Inte helt. Han har under senare år kritiserat utvecklingen. Vid konferensen *Decentralized Web Summit* i San Fransisco i början av juni 2016 diskuterade Berners-Lee med andra högprofilerade datavetare möjligheten att bygga en ny World Wide Web. Den nuvarande webben, menar han, har i allt för hög utsträckning blivit ett övervaknings- och kontrollverktyg för stater, myndigheter och företag.[22]

En grundläggande idé med såväl internet som webben är dess decentraliserade funktion.

Nu ser vi centraliserande tendenser i form av Google för webbsökning, Facebook för socialt utbyte, Twitter för mikrobloggande med mera. Vi ser även integritetsproblem med såväl staters censur av webben som myndigheters övervakning av medborgare.

Vad Edward Snowden främst visade med sina avslöjanden var att webben har blivit världens största nätverk för övervakning. Det Berners-Lee och andra datavetare vill se är en ny webb som tillåter högre grad av anonymitet genom fler och bättre krypteringstekniker för att bevara människors integritet.

Anonymitet och frihet från övervakning är en ingång till läsningen av *Det mörka nätet* av Jamie Bartlett, chef för Centre

Libertarianism stammar från latinets libertinus, som betyder ungefär "den frigivne".

for the Analysis of Social Media.[23] En annan ingång är libertarianism.

Teknikfilosofen Langdon Winner beskrev i en klassisk artikel från 1997 libertarianism som den främsta ideologiska överbyggnaden för högerradikala internetaktivister. Libertarianism stammar från latinets libertinus, som betyder ungefär "den frigivne". I 1600-talets Frankrike fick intellektuella och adelsmän som gjort sig fria och oberoende av samhällets, religionens, moralens och tänkandets konventioner detta epitet.[24]

Något förenklat förespråkar denna ideologi en maximal frihet från staten, från regleringar av det sociala livet samt en helt fri kapitalism med en stark betoning på privat ägande. Idealet är en nattväktarstat, det vill säga en stat som enbart ansvarar för ett lands och dess medborgares säkerhet.

Bartletts bok *Det mörka nätet* är en djupdykning i libertarianismens variant av webben: The Deep Web; den djupa webben, den del av webben som inte är nåbar med en vanlig webbläsare som är konstruerad för ytwebben.

Ytwebben är det vi når när vi skriver en http-adress i webbläsarens adressrad eller googlar och klickar på en länk. Den djupa webben har en annan teknisk struktur.

Så vad finner Jamie Bartlett när han rör sig i den djupa webben? Självfallet kriminalitet en masse.

Den kan endast nås med anonymiseringsverktyget Tor (The Onion Router). Tor möjliggör anonymitet genom att datoradresser byts ut mot tillfälliga datoradresser från andra datorer i Tor-nätverket och krypterar datatrafiken så sinnrikt att

45

varken internetoperatörer eller andra kan spåra eller identifiera användare.

Så vad finner Jamie Bartlett när han rör sig i den djupa webben? Självfallet kriminalitet en masse. Han finner ett stort mått av drogförsäljning, av barnpornografi, av vapen, av hot och hat och till och med av möjligheten att satsa pengar på när en politiker kommer att bli mördad. Tanken är att ju högre prispotten blir, desto större blir sannolikheten att en förutsägelse slår in.

Han kommer inte enbart webbplatser på det mörka nätet nära, utan träffar även verkliga människor. En islamhatande aktivist. En konsument av barnpornografi. Han deltar som observatör när tre unga kvinnor "cammar", det vill säga utför sexuella aktiviteter inför en webbkamera och en publik som kan interagera med kvinnorna och betala för olika önskningar.

Bartlett prövar även att köpa marijuana på Silk Road, vilket är namnet på den djupa webbens marknadsplats som specialiserar sig på försäljning av alla tänkbara droger.

Bartlett prövar även att köpa marijuana på Silk Road, vilket är namnet på den djupa webbens marknadsplats som specialiserar sig på försäljning av alla tänkbara droger. Silk Road ska föra tankarna till Sidenvägen, medeltidens handelsväg mellan Europa och Kina. För egen del tänker jag på Pusher Street i Christiania, Köpenhamn.

Drogförsäljningen är uppbyggt kring kryptering och av kundomdömen. Det är omöjligt att handla utan att avge ett omdöme om varans och transaktionens kvalitet. En annan förutsättning för droghandeln är den digitala valutan bitcoin.

Bitcoin är uppbyggd med en så kallad blockkedjeteknik som möjliggör ekonomisk decentralisering. Denna valuta är inte kopplad på något sätt till någon nationell eller överstatlig valuta och kan inte kontrolleras av någon finanspolitik, riksbank eller aktör på finansmarknaden.

"Det verkligt geniala med blockkedjan är att den kommer att hjälpa oss att skapa ett decentraliserat nät som ingen kan censurera."

Inte heller kan enskilda människors kapitalinnehav i bitcoin kontrolleras. Inte heller kan en ekonomisk transaktion med bitcoin knytas till en verklig person. Detta gör det närmast omöjligt för stater att beskatta ekonomiska förehavanden.

47

Bartlett intervjuar en av utvecklarna av denna teknik, som hävdar följande.

"Det verkligt geniala med blockkedjan är att den kommer att hjälpa oss att skapa ett decentraliserat nät som ingen kan censurera. Det här är mycket större än bara bitcoin. Vi kommer att förändra hela internet."[25] Det är stora ord, men den här tekniken röner allt större intresse i den seriösa IT-branschen.

Om Facebook skulle vara uppbyggt med blockkedjeteknik, skulle Facebook inte kunna äga alla inlägg och bilder som läggs upp där. Inte *Det är en mörk bild av anonymitetsförespråkarnas och libertarianernas idealwebb som Jamie Bartlett målar upp.* heller skulle Facebook kunna skapa sina algoritmer som styr vad som syns i flödena och vilken reklam som ska presenteras för varje användare.

Det är en mörk bild av anonymitetsförespråkarnas och libertarianernas idealwebb som Jamie Bartlett målar upp. Vågskålen är tydlig: Frihet från övervakning i den ena skålen och möjligheten att distribuera droger, barnpornografi, vapen och annat kriminaliserat i den andra.

Samtidigt kan den anonymitet som Tor medger utgöra ett betydelsefullt verktyg för exempelvis politiska frihetskämpar i diktaturer eller för medborgare som vill åtnjuta ett säkert källskydd när man lämnar känslig information till journalister.

För de libertarianer Bartlett intervjuar är frågan enkel: Friheten och anonymiteten överväger alltid de negativa konsekvenserna.

Är frågan lika enkel för icke-libertarianer?

Sociala medier som framtidens skampåle

Det engelska ordet shame har blivit ett välanvänt ord även i svenskan när det gäller vissa företeelser. Med slut-shaming avses att dra skam över kvinnor som överskrider vissa normer vad beträffar sexuellt beteende. Med fat-shaming avses att dra skam över människor som är överviktiga.

Verbet shaming är effektivt på engelska. Det betyder ungefär att någon orsakar en annan persons smärtsamma känsla av att ha begått ett allvarligt fel, något ohederligt, något ovärdigt. Känslan av minskad självkänsla och självrespekt ska väckas.

En rak översättning av shame till svenskan är skam och verbet blir skambeläggande. Det beteende som, särskilt i sociala medier, betecknas med engelskans shaming är dock betydligt kraftfullare än skambeläggande.

Människor har alltid skambelagt andra människor, av olika skäl. Att upprätthålla en viss moral torde vara det vanligaste skälet. Men skambeläggandets räckvidd har aldrig varit särskilt stor, förrän människor börjar använda nätet för att skambelägga andra.

En av internets allra mest betydelsefulla egenskaper är dess spridningsförmåga. Det har aldrig varit så lätt att sprida ett budskap till så många på så kort tid. En annan egenskap är att internet aldrig glömmer. Ett budskap går vanligtvis att söka upp även flera år efter dess initiala spridning.

Jon Ronson är en välkänd reportagejournalist. Hans senaste bok heter *So You've Been Publicly Shamed*.[26] Genom att undersöka olika processer av skambeläggande i främst sociala medier och dessutom söka upp och intervjua såväl människor som blivit extremt skambelagda, som människor som initierat skambelägganden, har han skrivit en reportagebok om en av nutidens mest aktuella och svårhanterliga företeelser på nätet.

Människan har en lång historia av offentligt skambeläggande. Skampålen är det mest kända sättet; att binda fast en person som begått någon form av förbrytelse vid ett slags pelare av trä, där allmänheten kunde passera och ges möjlighet att

skälla ut eller kasta rutten frukt eller rent av miss-
handla med spö. I Sverige avskaffades denna
bestraffningsform 1855. Frågan är om den är till-
baka i sociala medier.

Ronsons första exempel är en relativt känd
författare i USA som av en journalist upptäcks ha
fabricerat citat av självaste Bob Dylan i en bok.
När journalisten känner sig säker på denna ored-
lighet publicerade denne en avslöjande artikel i
en större tidskrift. Och skambeläggandet var i
gång i sociala medier. Författaren blev närmast
förintad; inga uppdrag, inga inkomster, vågade
knappt visa sig utomhus.

Ett annat exempel
är en Sydafrikafödd *Alla läste tweeten bokstav-*
kvinna, bosatt i USA, *ligt, som ett avskyvärt,*
som skulle resa till *hyperrasistiskt inlägg och*
Sydafrika i sitt arbete *spred den över världen*
med PR. Hon använ- *med syfte att skambelägga.*
de Twitter, men med
enbart 170 följare, mest för att skoja och formulera
korta vitsar. Inför resan skrev hon några tweets
med ironisk humor, enligt henne. Den tredje
tweeten löd: "Reser till Afrika. Hoppas jag inte får
aids. Skojar bara. Jag är vit!"

Alla läste tweeten bokstavligt, som ett avsky-
värt, hyperrasistiskt inlägg och spred den över

världen med syfte att skambelägga. När Ronson intervjuar journalisten, menar hon att hon aldrig kunnat drömma om att någon skulle läsa tweeten bokstavligt. Hennes avsikt var ju att med ironi uppmärksamma en existerande situation; att i ett postapartheid Sydafrika är aidsproblematiken fortfarande stor, men att omvärlden har slutat bry sig om detta.

Men journalistens målgruppsanalys var urusel. Effekten? Tillintetgörande, förlorat arbete och anseende.

Ronson började intressera sig för skambeläggande som fenomen och sökte upp en domare i Texas som var känd *Offentliga skambeläggan-* *den över internet är be-* *tydligt värre. De är ano-* *nyma och brutalare.* för att bestraffa genom offentliga skambelägganden. Ett exempel var en ung man som körde rattfull och orsakade en olycka så att två personer avled. En del av straffet denne domare utdömde var att mannen en gång i månaden under tio års tid skulle bära en skylt med texten "Jag dödade två personer när jag körde rattfull" utanför skolor och barer.

En sorts skampåle under lång tid. Är det jämförbart med skambeläggandet i sociala medier?

Domaren i fråga tyckte inte det. Offentliga skambelägganden över internet är betydligt värre. De är anonyma och brutalare.

Hur kan skambelägganden över internet hanteras? Författaren som fabricerat citat erbjöds att i direktsänd teve förklara och be om ursäkt. Det blev emellertid bara värre. En delorsak var att publiken inte uppfattade författarens ursäkt som äkta, och inte uppfattade någon ånger hos författaren. Twitterstormen av skambelägganden bara ökade.

En annan offentlig person som skambelades när hans udda sexliv exponerades lät sig intervjuas i media och sedermera bedrev en civilrättslig process mot den mediaaktör som initierade spridningen av hans sexliv. Han bad inte om ursäkt, hand bekräftade inte skambeläggandet, utan tvärtom tog initiativ till en stämning – som han vann i domstolen.

Borde skambelägganden på internet vara brottsligt och sortera under allmänt åtal?

Alla har dock inte modet eller de ekonomiska resurserna för en civilrättslig process. Borde skambelägganden på internet vara brottsligt och sortera under allmänt åtal? I Sverige lutar vi åt detta. I februari 2016 lade utredaren Gudrun Antemar

temar fram betänkandet *Integritet och straffskydd*, där det föreslås hur ny lagstiftning ska kunna skydda människors integritet på nätet.[27]

Bland annat föreslås att en särskild handling ska kriminaliseras och benämnas olaga integritetsintrång. Detta brott utgörs väsentligen av spridningen av integritetskänsliga bilder och dito uppgifter om enskilda – exempelvis nakenbilder, så kallad hämndporr, obduktionsbilder, bilder på någon som utsätts för brott, uppgifter om någons sexualliv och liknande integritetsintrång som sker genom spridning.

Även olaga hot föreslås skärpas så att det innefattar hot mot någons integritet. Dessutom föreslås att bestämmelser om ofredanden tydliggörs, så att ofredanden på nätet lättare kan beivras.

Om detta ger ett bättre skydd till människor som utsätts för offentliga skambelägganden, ofredanden, förtal och liknande vet vi först när – och om – dessa förslag blir realitet. Samt först när vi ser om rättsvårdande myndigheter också förmår tillämpa skärpt lagstiftning för brott på nätet.

Dataismen och framtidens fria vilja

När vetenskapliga studier blir allt mer fokuserade och avgränsade blir det svårare att få en större bild av utvecklingen inom ett område. Därför uppskattar jag ofta forskare som försöker zooma ut och betrakta något från långt håll.

En brytning i den samhällsutveckling vi fortfarande försöker förstå i dag, presenterades redan 1973 av sociologen Daniel Bell i boken *The Coming of Post-Industrial Society*, där han förutspådde skiftet mellan det industriella samhället och det postindustriella.[28]

Ganska snart började man benämna detta postindustriella samhälle informationssamhälle. Men osäkerheten om förledet till samhället står kvar än i dag. I slutet av 1990-talet lanserade sociologen Manuel Castells begreppet nätverkssamhället i sin mastodonttrilogi om informationsåldern och visade hur samhället allt mer organiserades med nätverket som metafor.[29]

Ett annat fokus för att påvisa denna brytpunkt hade Erik Brynjolfsson och Andrew McAfee i *Den andra maskinåldern* från 2015, där brytpunkten i allt väsentligt visar att just nu sker teknikutvecklingen med en exponentiell hastighet. Maskinernas kapaciteter kommer att förändra samhället mer än något annat.[30]

En liknande tes framför historikern Yuval Noah Harari i sin nya bok *Homo Deus. A Brief History of Tomorrow.* Dock

> *Homo Deus börjar i historien med en trestadiemodell över mänsklighetens utveckling.*

med en något mer historisk och ideologisk utgångspunkt. Harari blev världskänd med boken *Sapiens* från 2012, där han skrev mänsklighetens evolutionshistoria på ett sätt som många uppskattade. Med breda penseldrag tecknar han här ett skifte inför framtiden.[31]

Homo Deus börjar i historien med en trestadiemodell över mänsklighetens utveckling. Det första stadiet var ett samhälle där människan behärskades av religionens påbud, av gudar och deras uttolkare. De ultimata svaren på människans problem fanns i de heliga skrifterna.

Det andra stadiet var ett samhälle som frigjorde sig från religionen och sökte svar på mänsklig mening hos människan själv. På 1700-talet inleddes den liberala humanismens era. Människan blev en individ; en odelbar enhet. En varelse som ägde förmågan att generera kunskap om sina problem genom att förstå sina egna erfarenheter, förstå sig själv, lita till sin egen förmåga och göra det som känns rätt. Och därmed inte söka svaren i någon gudomlig text, som ändå är skriven av en människa.

På så sätt fick vi demokrati så att varje människas röst skulle väga lika mycket, vi skapade undervisningsmetoder som

Vi lever i början av den moderna samhällsutvecklingens tredje stadium: Dataismen.

gick ut på att studenter i första hand ska lära sig tänka kritiskt och självständigt samt en ekonomisk modell där kunden alltid har rätt. Framför allt fick människan frihet och en fri vilja; endast den enskilda människan kunde avgöra vad som var bäst för henne.

Vi lever mitt i den liberala humanismens era och samtidigt, menar Harari, i början av den moderna samhällsutvecklingens tredje stadium: Dataismen. Det är precis som de två föregående stadierna en ideologisk utgångspunkt för att beskriva en förändring. Dock bärs ideologin upp av en särskild teknikutveckling.

Ett grundläggande antagande, som Harari gör sitt bästa att belägga med vetenskapliga referenser, är att vi allt mer börjar betrakta människan som en algoritmstyrd varelse. Människans erfarenheter och känslor skapas av biokemiska algoritmer när människan observerar sin omgivning.

Människan ses inte längre som en individ, utan som ett aggregat av många biokemiska algoritmer som styr hennes beteende. Men inte enbart inre, biokemiska algoritmer, utan även externaliserade algoritmer.

Enligt dataismen är det dataflöden och algoritmer som styr människans beteende. Vi ser redan i dag de små exemplen;

> *Människan ses inte längre som en individ, utan som ett aggregat av många biokemiska algoritmer.*

hur nätbokhandlares algoritmer lär sig mina preferenser genom mina sökningar och inköp. Hur Google lär sig hur sökmotorn ska prioritera sökresultaten utifrån mina tidigare sökningar. Hur e-bokläsaren Kindle samlar data om hur jag läser böcker för att kunna förfina och personalisera texter.

Det är inte så långt bort i tiden, menar Harari, tills när vi vänder oss till Google med frågan om vilken partner vi bör välja att leva med. Om Google har samlat all tänkbar information om mig sedan födseln, läst mina mejl, mina meddelanden, hört mina telefonsamtal, vilken information jag sökt på med dess sökmotor och så vidare, så vet Googles algoritmer bättre än jag själv vilken partner jag bör välja.

Och där ryker i så fall den fria viljan. Inte enbart valet av partner, utan i alla mänskliga val. Vilken utbildning jag bör välja, vilket jobb jag bör sikta på, vilken film jag bör se, vart jag bör åka på semester. Och naturligtvis vet algoritmerna bättre än jag vilket politiskt parti jag bör rösta på.

Algoritmerna kommer, genom att behandla för människan oöverskådliga informationsmängder,

Det är svårt att utläsa om Harari skriver fram en dystopi eller en utopi.

att bli så mycket bättre på att fatta beslut åt oss att det vore korkat att inte följa deras råd. Men för att algoritmerna ska kunna fatta allt bättre beslut krävs dels att vi ständigt levererar all tänkbar in-

61

formation om oss, dels att vi tillåter maskininlärning; att maskinerna självständigt får utveckla algoritmerna utan mänsklig inblandning.

Det är svårt att utläsa om Harari skriver fram en dystopi eller en utopi. Å ena sidan skriver han som teknikutopister brukar skriva: entusiastiskt, med hisnande exempel, stora hopp, inga kritiska invändningar och grova generaliseringar.

Å andra sidan avslutar han boken med vad som måste förstås som en disclaimer; ett frånsägande av ansvar för det han skriver. Från att entusiastiskt beskriva dataismens framtidsvision, till att hävda att varken han eller någon annan kan inte säga något om framtiden. "Boken ska förstås som möjligheter snarare än profetior", skriver han tre sidor från slutet, samtidigt som han på de 394 föregående sidorna snarast har ett profetiskt anslag.[32]

> På 90-talet utropades den liberala demokratin som historiens slut. Med dataismen fortsätter historien.

Precis som människorna i det första stadiet inte kunde förstå Gud och dennes intentioner, kommer vi i dataismens stadium inte att kunna förstå algoritmerna och deras planer.

På 90-talet utropades den liberala demokratin som historiens slut. Med dataismen fortsätter historien.

Framtidens forskning
och teknikens glitter

Ända sedan internets utbredning på 1990-talet har vi kunnat se att den tekniska utvecklingen och hur vi använder internet utgör olika utmaningar för andra samhällssystem. Det gäller exempelvis lagstiftning. Juridiken hänger inte med teknikutvecklingen, brukar det heta.

När möjligheten att dela upphovsrättsskyddat material på internet skapades, behövde juridiken en tid på sig att reagera. Eller den tid det har tagit för rättsvårdande myndigheter att finna metoder att utreda näthat och näthot.

Att våra sociala system inte hänger med teknikutvecklingen kan skönjas i den snabba tillväxten av sociala medier och vår oförmåga att upprätthålla en god social miljö i dessa medier. Rasism, misogyni, förföljelser och annat asocialt beteende florerar.

Utvecklingen av alternativa informationssajter, ofta med desinformation och konspirationsteorier, visar att våra traditionella nyhetsmedier inte helt lyckats med

I takt med den ökade intensiteten i teknikens automatisering börjar vi nu skönja att inte heller våra moralsystem hänger med.

strategier för att möta den tekniska utvecklingen.

I takt med den ökade intensiteten i teknikens automatisering, utvecklingen av självlärande maskiner och artificiell intelligens börjar vi nu skönja att inte heller våra moralsystem hänger med. Syftet med denna essä är att försöka förstå hur framtidens teknik kan utmana våra moralsystem genom att fördjupa oss i ett enskilt fall.

Två forskare, Xiaolin Wu och Xi Zhang vid universitetet i Shanghai, har utvecklat en självlärande dator med syftet att lära sig känna igen och förutse vilka människor som är predestinerade för kriminella handlingar och vilka som är laglydiga. Datorn ska göra detta genom att identifiera särskilda kännetecken i människors ansikten.[33]

Forskarna har använt 1 856 ansiktsbilder, varav hälften är bilder av dömda brottslingar och hälften laglydiga medborgare. När datorn har bearbetat dessa bilder med de algoritmer forskar-

66

na skapat, finner de tre signifikanta detaljer i ansikten som skiljer kriminella från icke-kriminella.

En viss form på överläppen, avståndet mellan ögonvrårna och vinklarna mellan nästippen och respektive mungipa. Enkelt uttryckt: Den som har en liten mun med

Forskarna hävdar nämligen att deras maskins förmåga att korrekt identifiera kriminalitet utifrån ansikten landar på ca 90 procent.

krökt överläpp och tätt mellan ögonen är kriminell, eller kommer sannolikt att bli kriminell.

Forskarna hävdar nämligen att deras maskins förmåga att korrekt identifiera kriminalitet utifrån ansikten landar på ca 90 procent. Därmed menar forskarna att det är möjligt att förutse vem som kommer att bli kriminell.

Det grundläggande antagandet i detta projekt är att människors karaktär och sociala beteende kan bedömas utifrån deras biologiska egenskaper. Det har alltid varit en lockande tanke hos människan genom historien.

På 1800-talet och en bit in på 1900-talet mätte man människors skallar för att utröna och värdera deras egenskaper. Parallellt med detta försökte man även se om det fanns ett samband mellan hudfärg eller etnicitet och intelligenskvot. Det här skedde inom ramen för rasbiologin, där det främsta syftet var att visa hur en viss del av befolkningen är överlägsen en annan.

Än i dag försöker man fastställa om människor kan vara födda till kriminalitet, det vill säga att det finns genetiska betingelser som kan upptäckas i människors DNA.

Såväl rasbiologi som frenologi (läran om att människors sociala egenskaper kan utläsas i hennes utseende) är i dag helt förkastade kunskapsfält och räknas som pseudovetenskap. Forskning inom dessa fält skulle omedelbart betecknas som oetisk.

> Hur kommer det sig att det finns en vetenskaplig artikel som i allt väsentligt sysslar med frenologi, men med avancerad teknik inom artificiell intelligens?

Hur kommer det sig att det finns en vetenskaplig artikel som i allt väsentligt sysslar med frenologi, men med avancerad teknik inom artificiell intelligens? Är det nyhetsvärdet i utvecklingen av självlärande algoritmer som motiverar denna forskning?

Först och främst ska sägas att denna artikel, med titeln *Automated Inference on Criminality using Face Images*, är en så kallad pre-print, det vill säga

förhandspublicering i en stor databas för publice-
ring av forskning innan den publiceras i någon
vetenskaplig tidskrift. Databasen heter *arXiv.
org* och förvaltas av Cornell University Library.

Kommer artikeln att passera den kollegiala
granskning som görs inför publicering i tidskrif-
ter?

Frågan är om det
spelar någon roll. Ar-
tikeln har ändå fått
viss uppmärksamhet
på relativt kort tid.
Främst kritisk sådan,
men även nyfiken.
Finns det någon

*Det som oroar allra mest
inför framtida forskning
inom artificiell intelligens
och maskinlärande är des-
sa forskares motiv till sin
forskning.*

diskussion i artikeln om etiska problem eller om
detta projekts relation till pseudovetenskapliga
idéer? Nej, knappast alls. En liten passus finns
kring varför det finns så lite forskning kring an-
siktsformens betydelse för människors kriminella
beteende. Dock berör de inte rasbiologi eller fre-
nologi, utan tror att det beror på "historiska kon-
troverser som omgärdar undersökningar och stig-
man som associeras med socialdarwinism".[34]

Dessa forskare tror att de kommer undan med
sin forskning genom att hävda att det är en ma-
skin som utför ansiktsanalyserna, och att en ma-

skin inte är behäftad med fördomar kring kön, etnicitet, religion, politik, ålder och andra faktorer.

Datorer kan inte vara rasister, eftersom de är datorer, tycks de hävda, men glömmer att även datorer som utrustas med inslag av självlärande algoritmer är utformade av människor. Om människor har fördomar, kan man omöjligen hävda att datorprogram som designats av människor är fria från fördomar.

Det som oroar allra mest inför framtida forskning inom artificiell intelligens och maskinlärande är dessa forskares motiv till sin forskning. Det blir, hävdar de, med denna moderna teknik oemotståndligt att utforska relationen mellan ansiktsform och kriminalitet.

Ser vi början till en eugenik 2.0?

Oemotståndligt. Det är, som jag brukar kalla det, teknikens glitter som förför. Det som glittrar är teknikens makt, samma makt som berusade de vetenskapsmän som utvecklade atombomben.[35]

Man behöver inte tänka länge för att bli rent ut sagt rädd för nyfikna forskare som drabbas av teknikens glitter utformar algoritmer för att fastställa olika samband mellan biologiska egenskaper och sociala beteenden.

Varför nöja sig med kriminalitet? Vilka andra beteenden kan man vara nyfiken på att förutsäga genom biologiska uttryck? Ser vi början till en eugenik 2.0?

Psykografisk profilering
för framtidens politik

I informationsåldern är kampen om människors uppmärksamhet central. Information finns i överflöd, medan människors uppmärksamhet begränsas av såväl tid som kognitiva förmågor. Redan 1971 skrev Herbert Simon att en informationsrik värld skapar ett underskott av det informationen konsumerar: människors uppmärksamhet. Därmed måste människors uppmärksamhet allokeras alltmer effektivt i takt med att informationsmängden ökar.[36]

Att fånga människors uppmärksamhet har länge varit ett mål för marknadsförare av allehanda ting: varor, tjänster, budskap. Det trubbigaste sättet att fånga uppmärksamhet är masskommunikation, där samma budskap går ut till alla människor, även om budskapet är utformat för att fånga uppmärksamheten endast hos en del av människorna. Reklam för blöjor sänds i kommersiell teve, men endast spädbarnsföräldrar är målgruppen.

När mer information om en befolkning blir tillgänglig, kan precisare segment av befolkningen urskiljas. Ett flertal enkla geografiska och demografiska indelningsfaktorer används för att rikta budskap till de som antas ha störst intresse av den: Kön, ålder, yrke, boendeort, utbildningsnivå, husdjursägarskap, föräldraskap – alla demografiska preciseringar är av intresse för den som söker människors uppmärksamhet.

I dag, när datamängderna om människor ökar exponentiellt och datorernas förmåga att bearbeta stora datamängder, framstår tidigare in-

> *Vi ser en rörelse från geografiska och demografiska segment till psykografiska.*

delningar av befolkningen som ytterst trubbiga. Med stora mängder persondata kan betydligt precisare distinktioner mellan människor skapas, och därmed precisare budskap på individnivå.

Vi ser en rörelse från geografiska och demografiska segment till psykografiska. Från att identifiera grupper av individer som segment, till att se varje individ som ett segment. Frågan som denna essä ställer är i vilken utsträckning psyko-

74

grafi bidrog till Donald Trumps seger i presidentvalet samt vilka konsekvenser psykografi kan få för framtidens demokrati.

I ett långt reportage i tidskriften *Vice* beskrivs hur ett företag vid namn Cambridge Analytica med hjälp av enorma mängder persondata om amerikanska

Psykografi är ett samlingsbegrepp för metoder att kartlägga en individs psykologiska karakteristika.

medborgare genomförde psykografisk profilering och skapade riktade politiska budskap på individnivå med syftet att övertyga människor att rösta på Trump.[37]

Psykografi är ett samlingsbegrepp för metoder att kartlägga en individs psykologiska karakteristika, som exempelvis värderingar, åsikter, attityder, intressen, livsstil och beteenden. Den psykografiska modell Cambridge Analytica använder kallas med en akronym OCEAN, även kallad The Big Five, eller på svenska: Femfaktormodellen.

Individen analyseras med avseende på hennes öppenhet inför nya idéer, upplevelser och liknande (openness), samvetsgrannhet i form av noggrannhet, självdisciplin och liknande (consci-

entiousness), extraversion i form av social förmå-
ga, vänlighet i form av tillit och samarbetsvilja
(agreeableness) samt neuroticism i form av ång-
estbenägenhet, impulsivitet och stresskänslighet.
I dag kan sådan
informationsinsam-
ling effektiviseras ge-
nom att hämta data
om individer på inter-
net, företrädesvis från
människors kommu-

*"Vi har personlighetspro-
filer för varje vuxen män-
niska i USA – 220
miljoner människor."*

nikativa handlande i sociala medier. Varje enskilt
inlägg på Facebook, retweet på Twitter, gillaklick
på Instagram säger ingenting om en individ, men
den som kan samla stora mängder små bitar av
persondata, kan också skapa en psykografisk pro-
fil av denne individ med oceanmodellen.

"Vi har personlighetsprofiler för varje vuxen
människa i USA – 220 miljoner människor", häv-
dade företagets vd, Alexander Nix.[38]

Det självklara målet för Cambridge Analytica
under Trumps kampanj var att identifiera typiska
Trumpväljare och förse dem med budskap som
uppmuntrade dem att rösta på Trump. En strategi
var att inte betrakta traditionella republikaner
som Trumpväljare, eftersom Trump inte är någon
traditionell republikan. Det krävdes att se bortom

76

partisympatier för att identifiera de individer som delade värdegrund med Trump.

Ett annat mål för Cambridge Analytica var att identifiera potentiella Clintonväljare och förse dem med individuellt preciserade budskap som reducerade deras vilja att alls rösta i valet.

Det går att resa invändningar mot effektiviteten i de metoder Cambridge Analytica tillämpar för att stödja politiska budskap genom psykografi. Är det så enkelt att ett företag kan dammsuga internet på persondata och därefter vinna ett val åt en viss kandidat? I så fall torde andra företag kunna göra detsamma för andra kandidater.

Även om vi lägger ut mycket information om oss i sociala medier, är det tveksamt hur tillgänglig denna information är.

I vilken utsträckning är mitt beteende i sociala medier representativt för min personlighet?

Har alla Facebookanvändare publika konton? Knappast.

Vilken reliabilitet har sådana persondata för att skapa personlighetsprofiler? I vilken utsträckning är mitt beteende i sociala medier representativt för min personlighet? Decennier av forskning har kunnat peka på hur vi bygger olika personas i olika forum på nätet.

Election Management är det begrepp som bäst representerar det Cambridge Analytica sysslar med: Att styra väljare med personaliserade budskap i syfte att rösta på ett specifikt parti eller kandidat. Nu står kunder i Europa på tur. Frankrike, Tyskland och Holland står inför politiska val under 2017. Sverige har ett val 2018. Cambridge Analytica är sannolikt berett att bistå den som vill betala för deras tjänster.

I USA är personuppgifter i högre grad en handelsvara jämfört med Sverige och Europa, vilket bidrar till att psykografiska metoder är enklare att använda i USA. Det belyser samtidigt värdet av en restriktiv lagstiftning kring användning av personuppgifter, om vi vill begränsa dessa metoder.

Den stora frågan är nämligen om denna användning av psykografi och big data enbart ska ses som en gradvis legitim utveckling av hur politiska budskap formas och riktas till väljare – eller om en sådan utveckling leder till att det demokratiska valet av politiska representanter kommer att uppfattas så manipulerat att det blir korrupt.

Framtidens datorer
skapar egna språk

I informationsåldern är kampen om människors uppmärksamhet central. Information finns i överflöd, medan människors uppmärksamhet begränsas av såväl tid som kognitiva förmågor. Språk och datorer har genom historien alltid hört samman. För att en dator ska kunna utföra operationer och aktiviteter måste den instrueras, vilket görs med olika programspråk, beroende på typ av applikation och aktivitet.

En annan form av språkutveckling handlar om taligenkänning och talsyntes. Datorprogram tränas att uppfatta och tolka mänskligt tal, från enskilda ord till sammansatta meningar. Talsyntes handlar om att datorn tränas i att sätta samman ord till meningar så att vi såväl hör som förstår vad datorn säger.

Den engelska termen för datorprogram som klarar av både taligenkänning och talsyntes är chatbots. *Oxford Dictionary* presenterade detta ord som ett av de ord som främst kännetecknar språkåret 2016 (årets ord 2016 blev post-truth).[39] Det dröjer sannolikt inte länge förrän chatbot blir upptaget på den årliga nyordslistan i Sverige.

På svenska brukar vi även tala om virtuella assistenter eller virtuella agenter som vi kan prata med. Den som använder en iPhone har kanske talat med den virtuella assistenten Siri. SJ arbetar med en chatbot som ska assistera tågresenärer.

Med hjälp av avancerade algoritmer och självlärande teknik går IT-jättar som Google, Apple, Microsoft, Amazon och Facebook i bräschen för denna utveckling. Ett väsentligt användningsområde för dessa talande applikationer är kunddialoger och kundstöd i olika företag, för att effektivisera dessa processer.

Den gemensamma nämnaren för den utbredda forskning och teknikutveckling som pågår inom språk och IT är att det mänskliga språket är den överordnade normen som datorprogram ska dels kunna förstå, dels kunna tala.

Med denna essä vill jag rikta blicken mot en liten forskningsnisch som avviker från denna gemensamma nämnare. Den övergripande frå-

gan som ställs här är vad som skulle hända om vi
låter datorprogram själva uppfinna sina egna
språk i kommunikationen med varandra. Är det
möjligt? Vilka syften skulle sådan forskning i så
fall uppnå?

Vid det ameri-
kanska forskningsin-
stitutet OpenAI be-
drivs forskning med
fokus på artificiell in-
telligens och robotik. I
mitten av mars för-
handspublicerade

> *Vad skulle hända om vi
> låter datorprogram själva
> uppfinna sina egna språk
> i kommunikationen med
> varandra?*

Igor Mordatch och Pieter Abbeel en artikel där de
redovisar hur de arbetar med att låta virtuella
agenter utveckla egna språk, utan att det mänsk-
liga språket står som modell.[40]

Att träna datorer att efterhärma mänskligt
språk ger förvisso ökade möjligheter att kommu-
nicera med datorer, men det ger ingen kunskap
om varför ett språk existerar.

Ett syfte med denna forskning är att utöka
den kunskapen. Inte kunskapen om strukturer
inom eller relationer mellan språk, utan språkets
funktion. Ett grundläggande antagande är att all
kommunikation uppstår av nödvändighet; nöden
är kommunikationens moder.

Forskarna har skapat en enkel virtuell miljö med två virtuella agenter, två chatbots som kan agera självständigt i förhållande till varandra. Dessa agenter är också utrustade med självlärande algoritmer, så att de utan mänsklig inblandning, utan instruktioner självständigt utveckla språkliga färdigheter.

Dessa virtuella agenter förses med olika enkla uppgifter som de ska utföra tillsammans. Det handlar exempelvis om att de ska förflytta sig från en plats i den virtuella miljön till en annan. Genom att utveckla ett språk ska dessa sedan koordinera sina rörelser så att de kan genomföra uppgiften.

De virtuella agenterna får en uppsättning symboler till sitt förfogande, men utan förbestämda betydelser, så att agenterna måste skapa sina egna betydelser för symbolerna.

Ett resultat från denna studie är dock att de virtuella agenterna lyckas kommunicera med varandra med ett eget språk.

Den forskning som presenteras i artikeln av Mordatch och Abbeel är i ett väldigt tidigt stadium. Än så länge prövar de möjligheter, snarare än fastställer signifikanta resultat. Ett resultat från denna studie är dock att de virtuella agenterna lyckas kommunicera med varandra med ett eget språk på ett funktionellt sätt, utan instruktioner från någon människa.

De avslutar artikeln med ledtrådar till framtida studier: Att expandera komplexiteten i de virtuella agenternas språkbyggen och att utöka deras handlingsförmågor. De är även intresserade av att undersöka huruvida dessa agenters kommunikativa strategier kan tillämpas av människor.

Forskarnas syfte är som sagt att förstå hur språk utvecklas utifrån nödvändighet, men utan mänskligt språk som förlaga. Frågan är vilka ytterligare syften som kan uppfyllas med forskning som denna.

Allt sedan människan började forska om artificiell intelligens har den mänskliga intelligensen fungerat som modell för datorers intelligens.

> Vi bör inte låsa oss vid den mänskliga intelligensen, utan låta datorer utveckla datorintelligens.

Det klassiska turingtestet, uppkallat efter Alan Turing, den förste AI-forskaren, testade maskiners förmåga att efterhärma människors intelligens.

Om en människa kommunicerar med en maskin och inte kan avgöra om det är en maskin eller en människa man kommunicerar med, måste maskinen anses inneha mänsklig, men artificiell intelligens. På senare tid syns emellertid en diskussion där en motsatt uppfattning om intelligens förs fram. Med dagens exponentiella utveckling av datorteknik bör vi inte låsa oss vid den mänskliga intelligensen, utan låta datorer utveckla datorintelligens, det vill säga intelligens som utgår från datorernas förutsättningar – inte människans förutsättningar. Därtill är människans förutsättningar alltför begränsade.

Om vi vidgar sammanhanget ytterligare kan vi placera in denna forskning tillsammans med forskning om automatiska system i allmänhet; sociala robotar och självlärande maskiner.

En farhåga som brukar framhållas kring konsekvenserna av sådan forskning är att människan placerar sig utanför robo-

Människan har visat att utveckling av språk är en mäktig idé.

tarnas beslutsloopar, det vill säga att människan ges allt mindre inflytande över robotars och andra självlärande, automatiska systems beteenden. Robotarna fattar sina beslut oberoende av människan.

Huruvida detta är en farlig utveckling eller inte är svårt att hysa en bestämd uppfattning om. Om vi går tillbaka till studien av Mordatch och Abbeel och deras språkutvecklande agenter, vet vi i alla fall en sak: Människan har visat att utveckling av språk är en mäktig idé.

Noter

[1] Asimov, Isaac (2013 [1950]). *I, Robot*. Harper Voyager.

[2] Briggs, Gordon & Scheutz, Matthias (2015). "Sorry, I Can't Do That": Developing Mechanisms to Appropriately Reject Directives in Human-Robot Interactions. *Artificial Intelligence for Human-Robot Interaction. Papers from the AAAI 2015 Fall Symposium.*

[3] Institutet för språk och folkminnen & Språkrådet (2015). *Nyordslistan 2015*. Webbpublikation: <https://www.sprakochfolkminnen.se/download/18.3ba9edd1515c7b7a4f5278/1451282128728/Nyordslista+2015+med+logga+NY.pdf>

[4] Zollo, Fabiana et al (2015). Debunking in a World of Tribes. *Computing Research Repository (CoRR)*. Webbpublikation: <http://arxiv.org/abs/1510.04267>

[5]   Brabham, Daren (2016). How crowdfunding discourse threatens public arts. *New Media & Society*, January 2016. DOI: <10.1177/1461444815625946>

[6]   Schofield, Jack (2011). Ken Olsen obituary. *The Guardian*, 110209.

[7]   Junger, Ernst (2000[1957]). *The Glass Bees*. New York: New York Review of Books.

[8]   Ibid, s 155.

[9]   Granström, Helena (2016). Teknikens löften ett växande hot. *Svenska Dagbladet*, 160308.

[10]   der Derian, James (1997). "Interview with Paul Virilio." *Speed*, nr 1.4.

[11]   Lindgren, Håkan (2016). Hatet finns inte på nätet utan i människor. *Svenska Dagbladet*, 160309.

[12]   Hunt, Linn (2007). *Inventing Human Rights. A History*. New York: Norton & Co.

[13]   Olsson, Anna-Lova (2015). *Strävan mot unselfing: en pedagogisk studie av bildningstanken hos Iris Murdoch*. Örebro: Örebro universitet. (Doktorsavhandling.)

[14]   Kemp, Peter (2005). *Världsmedborgaren. Politisk och pedagogisk filosofi för det 21 århundradet*. Göteborg: Daidalos, s 145.

[15]   Riedl, Mark och Harrison, Brent (2016). Using Stories to Teach Human Values to Artificial Agents. *The Workshops of the Thirtieth AAAI Conference on Artificial*

Intelligence. AI, Ethics, and Society: Technical Report WS-16-02.

[16] Karlsohn, Thomas (2006). *Passage mellan medier: Vilém Flusser, datorn och skriften.* Göteborg: Folkuniversitetets akademiska press.

[17] He, Nicole (2015). *True Love Tinder Robot.* Webbpublikation: <http://nicole.pizza/true-love-tinder-robot/>

[18] Davis, Allison (2015). This Robot's Pretty Bad at Tinder, But I'm Even Worse. *New York Magazine*, 151216.

[19] Youyoua, Wu, Kosinski, Michal och Stillwella, David (2015). Computer-based personality judgments are more accurate than those made by humans. *PNAS*, vol. 112, no. 4.

[20] Dement, Dylan (2017). China's New 'Social Credit' System: Big Data, Mass Surveillance and Judgment. *The Higher Learning*, 170222.

[21] Schneier, Bruce (2016). *Data och Goliat. Dold datainsamling och makten över världen.* Göteborg: Daidalos.

[22] Hardy, Quentin (2016). The Web's Creator Looks to Reinvent It. *New York Times*, 160607.

[23] Bartlett, Jamie (2016). *Det mörka nätet. Nedslag i den digitala underjorden.* Göteborg: Daidalos.

[24] Winner, Langdon (1997). Cyberlibertarian myths and the prospects for community. *ACM SIGCAS Computers and Society*, Volume 27, Issue 3.

[25] Bartlett (2016), s 102.

[26] Ronson, Jon (2015). *So You've Been Publicly Shamed*. London: Picador.

[27] SOU (2016:7). *Integritet och straffskydd*. Stockholm: Justitiedepartementet.

[28] Bell, Daniel (1973). *The coming of post-industrial society. A venture in social forecasting*. New York: Basic books.

[29] Castells, Manuel (1999). *Informationsåldern: ekonomi, samhälle och kultur. Band 1: Nätverkssamhällets framväxt*. Göteborg: Daidalos.

Castells, Manuel (2000). *Informationsåldern: ekonomi, samhälle och kultur. Band 2: Identitetens makt*. Göteborg: Daidalos.

Castells, Manuel (2000). *Informationsåldern: ekonomi, samhälle och kultur*. Band 3: Millenniets slut. Göteborg: Daidalos.

[30] Brynjolfsson, Erik och McAfee, Andrew (2015). *Den andra maskinåldern. Arbete, utveckling och välstånd i en tid av briljant teknologi*. Göteborg: Daidalos.

[31] Harari, Yuval Noah (2016). *Homo Deus. A Brief History of Tomorrow*. London: Harvill Secker.

[32]   Ibid, s 395.

[33]   Xiaolin Wu och Xi Zhang (2016). Automated Inference on Criminality using Face Images. *arXiv:1611.04135v2* [cs.CV].

[34]   Ibid.

[35]   Dooling, Richard (2008). The Rise of the Machines. *New York Times*, 081011. Webbpublikation: <http://www.nytimes.com/2008/10/12/opinion/12dooling.html?_r=2&th=&oref=slogin&emc=th&pagewanted=print&oref=slogin>

[36]   Simon, Herbert (1971). Designing Organizations for an Information-Rich World. I Greenberger, Martin: *Computers, Communication, and the Public Interest*. Baltimore: The Johns Hopkins Press.

[37]   Grassegger, Hannes och Krogerus, Mikael (2017). The Data That Turned the World Upside Down. *Vice*, 170128. Webbpublikation: <https://motherboard.vice.com/en_us/article/how-our-likes-helped-trump-win>

[38]   Ibid.

[39]   Oxford Dictionaries (2016). *Word of the year 2016*. Webbpublikation: <https://www.oxforddictionaries.com/press/news/2016/12/11/WOTY-16>

[40]   Mordatch, Igor & Abbeel, Pieter (2017). Emergence of Grounded Compositional Language in Multi-Agent Populations. *arXiv:1703.04908* [cs.AI].

All of the illustrations in this book were created by AI.

I would love to hear from you. Reach out on social media, follow me on Instagram @SugarGayIsber.

Please leave your review on Amazon. I love 5-Star Reviews.

Thank you for reading my book. I hope that you'll suggest it to your friends.

Look for more of my books by searching Sugar Gay Isber McMillan on Amazon.

PeaceLoveandSugar,

Sugar Gay Isber McMillan

www.ingramcontent.com/pod-product-compliance
Lightning Source LLC
LaVergne TN
LVHW022352060326
832902LV00022B/4407